Zukunft der Erwerbstätigkeit. Virtuelle Teams, Arbeitskraftunternehmer und fragmentierte Erwerbsbiographien

Anne Füßler

GRIN

Bibliografische Information der Deutschen Nationalbibliothek:

Die Deutsche Nationalbibliothek verzeichnet diese Publikation in der Deutschen Nationalbibliografie; detaillierte bibliografische Daten sind im Internet über http://dnb.d-nb.de abrufbar.

ISBN: 9783346371157
Dieses Buch ist auch als E-Book erhältlich.

© GRIN Publishing GmbH
Nymphenburger Straße 86
80636 München

Druck und Bindung: Books on Demand GmbH, Norderstedt Germany
Gedruckt auf säurefreiem Papier aus verantwortungsvollen Quellen

Das vorliegende Werk wurde sorgfältig erarbeitet. Dennoch übernehmen Autoren und Verlag für die Richtigkeit von Angaben, Hinweisen, Links und Ratschlägen sowie eventuelle Druckfehler keine Haftung.

Das Buch bei GRIN: https://www.grin.com/document/997568

Einsendeaufgaben

Alternative B – Die Zukunft der Erwerbstätigkeit in Bezug auf virtuelle Teams, den Arbeitskraftunternehmer und fragmentierte Erwerbsbiographien

Rahmenbedingungen der Personal- und Organisationspsychologie

2020

Anne Füßler

Inhaltsverzeichnis

1. Aufgabe B1 - virtuelle Teams

Im Zuge der Globalisierung und Flexibilisierung der Arbeitswelt gewinnen virtuelle Teams in Unternehmen zunehmend an Bedeutung. Aktuell beschleunigt die Corona-Krise durch die Notwendigkeit der mobilen Arbeit die Digitalisierung und fördert dadurch die Zusammenarbeit in virtuellen Teams.

Unter virtuellen Teams versteht man eine flexible Gruppe von Mitarbeitern, die ortunabhängig gemeinsame Ziele verfolgt. An dezentralisierten Arbeitsorten bearbeiten die Mitarbeiter zweckgebundene, voneinander abhängige Arbeitsaufgaben und müssen dabei räumliche und zeitliche Hürden überwinden. Die Vernetzung und Kommunikation in virtuellen Teams erfolgt dabei mit Hilfe von Informations- und Kommunikationstechnologien (Gerdenitsch, 2019, S. 34-35).

1.1. Chancen und Risiken virtueller Teams

Ein großer Vorteil von virtuellen Teams ist, dass Mitarbeiter nach ihren Kompetenzen ausgewählt werden können und nicht nach räumlicher Verfügbarkeit. Der Zugang zu Experten wird dadurch erleichtert. Virtuelle Teams können schnell und flexibel zusammengestellt werden, da physische Treffen entfallen. Die Arbeit kann dadurch schneller begonnen werden (Kauffeld, 2019, S. 214). Mitarbeitern ist es durch die digitale Vernetzung außerdem möglich, in mehreren virtuellen, global verteilten Teams mitzuwirken (Gerdenitsch, 2019, S. 35).
Studien belegen eine höhere Produktivität in virtuellen Teams ggü. traditionellen Teams, da Fahrzeiten zu Meetings und Störungen während der Arbeit entfallen (Isermann, 2004, S. 69).

Aufgrund der Digitalisierung und der zwingend notwendigen Dokumentation der Arbeitsergebnisse in virtuellen Teams wird die Mehrfacherfassung von Daten und Informationen an verschiedenen Standtorten vermieden. Dies schafft Zeit- und Kostenersparnisse für Unternehmen (Isermann, 2004, S. 74). Durch die Digitalisierung sind alle Dokumente, die während der virtuellen Teamarbeit entstehen, für alle Mitarbeiter nutzbar, was z.B. die Möglichkeit eines Wechsels der Verantwortlichkeiten im Team erleichtert (Gerdenitsch, 2019, S. 35). Durch die Zeitverschiebung kann die globale Teamarbeit 24/7 erfolgen und bspw. Bereitschaftsdienste leichter abgedecken (Isermann, 2004, S. 74).

Durch die Nutzung von Kommunikations- und Informationstechnologien können Reisekosten im Unternehmen gesenkt werden. Durch die mobile Arbeit sinken auch Kosten für Büroflächen und -einrichtung (Isermann, 2004, S. 70). Dem gegenüber steht jedoch der Aufwand für die Bereitstellung und Nutzung moderner Informations- und Kommunikationstechnologien (Kauffeld, 2019, S. 214).

Durch die Zeitersparnis, die sich aus dem Wegfall von Arbeitswegen ergibt, werden Arbeits- und Privatleben für den Mitarbeiter besser vereinbar. Die Zufriedenheit und die Motivation der Mitarbeiter steigen. Zudem haben virtuelle Teams eine inkludierende Wirkung, da Mitarbeiter besser einbezogen werden können, die aufgrund einer Beeinträchtigung nur schwer zu einem fixen Arbeitsort gelangen können (Gerdenitsch, 2019, S. 35).

Die bei virtuellen Teams fehlende persönliche Kommunikation (ohne Einsatz von Medien) kann sowohl Vorteile als auch Nachteile mit sich bringen: Durch die Distanz der Mitarbeiter erfolgt die Kommunikation sachlich und aufgabenbezogen, was das Risiko persönlichkeitsbezogener Konflikte innerhalb des Teams senkt. Nachteile der medienge-stützten Kommunikation ergeben sich durch den Mangel an nonverbaler Information, da diese durch das Medium gefiltert wird (Isermann, 2004, S. 52). Weitere Risiken ergeben sich durch die mangelnde soziale Präsenz der Mitarbeiter. Dies kann die schlechte Kommunikation der gemeinsamen Wissensgrundlagen zur Folge haben. Auch kann es bei den Mitarbeitern zu Problemen bei der Einordnung und Interpretation von Informatio-nen kommen, durch den fehlenden Bezug zu anderen Informationen. Auch die Gefahr, dass Informationen aufgrund der räumlichen Distanz ungleich verteilt werden, ist gegeben. Umgekehrt kann es aber auch zu einer Informationsflut kommen, die durch die Mitarbeiter nur schwer zu bewältigen ist (Isermann, 2004, S. 53).

Prozesse und Abläufe erzeugen besonders zu Beginn der virtuellen Teamzusammenar-beit einen erhöhten Kommunikations- und Organisationsbedarf (Isermann, 2004, S. 78). Metaanalysen bestätigen diese negativen Effekte in der Anfangsphase. Die Effekte beziehen sich auf mangelhafte Kommunikation, unzureichendes Teilen von Wissen und interne Konflikte (Kauffeld, 2019, S. 214).

Die Komplexität im Umgang mit verschiedenen Kommunikations- und Informationstechno-logien bei der Arbeit in virtuellen Teams kann bei den Mitarbeitern und Führungskräften Qualifikationsbedarf auslösen. Auch soziale Kompetenzen sollten geschult werden. Damit verbunden sind Kosten für Qualifikation und Weiterbildung (Isermann, 2004, S. 78).

Fehlentwicklungen im Team sind aufgrund der Distanz schwerer zu erkennen. Unter den Mitarbeitern kann durch die Dezentralisierung schwerer Vertrauen aufgebaut werden. Darunter kann wiederum der Teamzusammenhalt leiden. Es besteht das Risiko, dass Mitarbeiter ein Gefühl der Isolation entwickeln, was in Bezug auf die Arbeit demotivierend und leistungsmindernd wirkt. Auch kulturelle Unterschiede in Arbeitsweise, Lösungsfindung, Termintreue und Kommunikation könnten sich zunächst nachteilig auf die Teamarbeit auswirken (Isermann, 2004, S. 69-78).

1.2. Anforderungen an die Mitarbeiter virtueller Teams

Generell bedarf es bei der Zusammenarbeit der Mitarbeiter im Team fachlicher und funktionaler Sachkenntnisse, Selbstvertrauen, übergreifendes Denken und unternehmerisches Handeln sowie die Bereitschaft zur Übernahme von Verantwortung (Krystek, Redel & Reppegather, 1997, S. 175).

Durch die räumliche und ggf. zeitliche Trennung der Mitarbeiter besitzen diese mehr Macht und Freiheit als in traditionellen Teams. Diese Freiräume verlangen von den Mitarbeitern eine selbstgesteuerte Arbeitsweise, die wiederum das Vertrauen der Führungskraft und der anderen Mitarbeiter voraussetzt (Isermann, 2004, S.45).

Mitarbeiter in virtuellen Teams müssen in der Lage sein, sich selbst zu motivieren. Sie benötigen zudem eine hohe Weiterbildungs- und Veränderungsbereitschaft. Besonders in Bezug auf Informations- und Kommunikationstechnologien sollten die Mitarbeiter offen sein (Isermann, 2004, S. 76). Die soziale Qualifikationskomponente beinhaltet speziell für internationale Teams Kommunikationsfähigkeit, Interaktionsfähigkeit, Partizipationsbereitschaft, Konfliktlösungsfähigkeit, interkulturelle Sensibilität sowie Akzeptanz und Toleranz (Krystek et al., 1997, S. 175).

1.3. Anforderungen an die Führungskraft virtueller Teams

In Bezug auf die Führung in virtuellen Teams ist es vorteilhaft mit Visionen und Zielen zu führen (management by objectives). Umgang und Wissen zu Kommunikationstechnologien sind zudem grundlegender Baustein zur Führung eines virtuellen Teams. Die Verwendung verschiedener Kommunikationskanäle verlangt von der Führungskraft rhetorische und nonverbale sowie Präsentationsfähigkeiten (Krystek et al., 1997, S. 173-174).

Um die verschiedenen Rollen im Team optimal zu besetzten, bedarf es Fähigkeiten einer potentialgerechten Mitarbeiterevaluation und -auswahl (Krystek et al., 1997, S. 174). Die Teamziele sind so zu erarbeiten, dass diese nur durch die wechselseitige Interaktion der Mitarbeiter zu erreichen sind. Dadurch soll Teamarbeit und Austausch gefördert werden (Kauffeld, 2019, S. 215). Besonders in internationale Teams braucht die Führungskraft kulturelle Sensibilität und Kompetenzen im Konfliktmanagement (Krystek et al., 1997, S. 174). Die Führungskraft übernimmt die Rollen des Moderators und des Coachs und hat die Aufgabe, die Mitarbeiter zu unterstützen, selbstgesteuert und selbstorganisiert zu lernen (Learning-to-learn) (Negri, 2019, S. 77).

1.4. Konzept zur Etablierung eines virtuellen Unternehmens

Virtuelle Teams durch laufen bei ihrer Etablierung in einem internationalen Unternehmen verschiedene Phasen. Die folgenden Phasen basieren auf dem Modell „Teamentwicklungsuhr" von Bruce W. Tuckmann.

Phase 1: Forming - Orientierung und Teamfindung: Zu Beginn der Teambildung soll ein gemeinsames, persönliches Treffen stattfinden. In dieser Phase sollen sich die Mitarbeiter des Teams sowohl auf professioneller als auch auf persönlicher Ebene kennenlernen. Die Vorstellung der Mitarbeiter sollte arbeitsbezogene, soziale und persönliche Informationen beinhalten. Durch das persönliche Kennenlernen soll die Grundlage für Beziehungsaufbau und Vertrauen untereinander geschaffen werden. Ist ein persönliches Treffen der Team-Mitarbeiter nicht möglich, sollte die Veranstaltung zumindest virtuell abgehalten werden (Gerdenitsch, 2019, S. 37-39).

In dieser Phase gibt es noch keine feste Teamstruktur. Die Mitarbeiter sollen zunächst Orientierung im Team und ihre eigene Rolle finden. Es sollen erste Vorstellungen entwickelt werden, wie Zusammenarbeit gestaltet werden kann und wie gemeinsame Ziele aussehen können. Die Mitarbeiter orientieren sich zunächst an der Führungskraft. Die Kommunikation erfolgt hier ebenfalls über sie. Erste Absprachen werden getroffen und Aktivitäten einzelner Mitglieder werden begonnen (Herrmann, Hüneke & Rohrberg, 2006, S. 86).

Phase 2: Storming – Kampf: In der zweiten Phase werden Aufgaben, Prozesse, Rollen, Zusammenarbeit und Ziele klar definiert. Aspekte wie Macht, Einfluss, Respekt, Kontrolle und Verbindlichkeit von Absprachen müssen zunächst geklärt werden (Herrmann et al., 2006, S. 87). In dieser Phase beginnt nun die Bearbeitung von tiefergehenden Themen. Durch die inhaltliche Auseinandersetzung können Methoden- und Rollenkonflikte im Team entstehen. Auch die Nutzung von begrenzten Ressourcen kann zu Differenzen führen. Es besteht die Gefahr der Bildung von Lagern/ Cliquen. Einzelne Mitglieder könnten aufgrund von Konflikten das Team verlassen. Im schlimmsten Fall zerbricht das Team komplett. Ziel der Führungskraft sollte es daher sein, Konflikte von vornherein zu vermeiden, um das Team schnellstmöglich handlungsfähig zu machen (Herrmann et al., 2006, S. 87). In Besprechungen sollten Aufgaben und Prozesse regelmäßig reflektiert werden, um nicht genutzte Potentiale ausschöpfen zu können. Die eigentliche Lösung der Aufgabe kann erst durch eine enge und vertrauensvolle Zusammenarbeit entwickelt werden (Herrmann et al., 2006, S. 87).

Phase 3: Norming – Selbst-/ Neuorganisation: In Abhängigkeit davon, wie es dem Team gelingt Konflikte zu lösen, entsteht Respekt und Wertschätzung unter den Mitarbeitern. Schafft es das Team zusammen zu wachsen, erlangt es durch gemeinsame Werte und Normen Handlungsfähigkeit. Lösungen werden gemeinsam weiterentwickelt und Aufgabenteile Einzelner zusammengefügt. Das Verständnis der Mitarbeiter füreinander wächst und es entstehen Strategien und Methoden zur Konfliktbewältigung und -prävention (Herrmann et al., 2004, S. 87).

Das Team entwickelt gemeinsam Normen, zu denen sich Mitarbeiter verpflichten: Bspw. Kommunikationsregeln, Verhaltensweisen bei virtuellen Besprechungen oder Kriterien zur Nutzung verschiedener Kommunikationskanäle (Gerdenitsch, 2019, S. 37-39)

Phase 4: Performing – Hochleistung: Die Aufgabenanforderungen im Team und die persönlichen Bedürfnisse der Mitarbeiter sind im Gleichgewicht. Das Team arbeitet effizient und ist maximal handlungsfähig. Das Vertrauen der Mitarbeiter untereinander schafft Raum für Kreativität, Experimente und mögliche Feinjustierung im Team (Herrmann et al., 2004, S. 87). Trotzdem erfolgt eine regelmäßige Reflexion der Arbeit und Arbeitsprozesse, um die Leistungsfähigkeit aufrecht zu erhalten. Ggf. werden Mitarbeiter zusätzlich gecoacht und weitergebildet (Gerdenitsch, 2019, S. 37-39).

Phase 5: Adjourning – Auflösung: Es werden Prozesse und Ergebnisse aus der gemeinsamen Arbeit reflektiert. Erfolge sollten durch die Führung und das Unternehmen anerkannt und wertgeschätzt werden, um die Mitarbeiter für zukünftige Projekte zu motivieren. Misserfolge werden analysiert, um daraus für neue Projekte zu lernen. Das Team gemeinsam sowie die Mitglieder selbst müssen die Aufgabenlösung bewältigen und Abschied nehmen. In dieser Phase kann zudem bereits eine grobe Orientierung für neue Aufgaben und Projekte stattfinden.

1.5. Erfolgsfaktoren für die Arbeit virtueller Teams

Erfolgreiche virtuelle Teamarbeit braucht das Vertrauen der Führungskraft in die Mitarbeiter. Vertrauen schafft die Grundlage, damit Mitarbeiter selbstbestimmt, kreativ und effizient arbeiten können (Gerdenitsch, 2019, S. 36).

Kommunikation, Arbeitsumgebung und Arbeitsprozesse müssen für virtuelle Teams so gestaltet sein, dass möglichst alle Vorteile virtuelle Teams ausgeschöpft und möglichst alle Nachteile eliminiert werden können (Gerdenitsch, 2019, S. 36). Flache Hierarchien und aufgabenorientierter Technologieeinsatz im Unternehmen helfen virtuelle Arbeit effizient zu gestalten. Die Verfügbarkeit und Funktionalität der Systeme muss für alle Mitarbeiter im Team gewährleistet sein. Die Geschwindigkeit zur Implementierung neuer Technologien sollte entsprechend hoch sein, um die Arbeitsfähigkeit des virtuellen Teams zu gewährleisten. Hard- und Software müssen leistungsfähig, stabil, sicher, global kompatibel und benutzerfreundlich sein (Isermann, 2004, S. 77).

Auch die Schaffung von Standards und Regeln innerhalb eines virtuellen Teams können helfen, es erfolgreich zu machen:

Erreichbarkeits- und Verfügbarkeitsstandards schaffen Transparenz für die Mitarbeiter, wer z.B. aktuell online für die Zusammenarbeit im Team zur Verfügung steht. Kommunikationsregeln im Team helfen, den Informationsaustausch eindeutig und effizient zu gestalten. Dies könnte bspw. bedeuten, wichtige Inhalte in Nachrichten hervorzuheben, den Bezug/ Kontext der Information mitzugeben und Nachrichten mit einer Priorität zu versehen. Vorgaben, in welchem Zeitfenster auf Emails/ Anfragen zu reagieren ist, steigern die Effizienz und das Vertrauen untereinander. Auch die Verwendung von Emojis in Chats kann helfen, die fehlende nonverbale Kommunikation zu unterstützen. Regeln zur Gestaltung von Konferenzen können auch Transparenz, Effizienz und Gleichbehandlung schaffen: Bspw. sollten keine bestimmten Zeitzonen zur Terminfindung für virtuellen Meetings bevorzugt werden. Die Erstellung und Verteilung einer Agenda vor einem Termin und die Dokumentation danach sind wichtig für die Selbstorganisation und Zeitsouveränität der Mitarbeiter. Technikorientierte Regelungen, wie die Zuweisung von Rechten, die Verwendung von Kamera und Mikrofon und die Vermeidung von Störgeräuschen helfen, Konferenzen effizient zu gestalten. Verhaltensregeln, den anderen ausreden zu lassen, sich an die Agenda zu halten, Denkpausen nicht zu unterbrechen und allen die gleichen Informationen zur Verfügung zu stellen, helfen ebenfalls bei der Teamarbeit und vermeiden soziale Konflikte (Isermann, 2004, S. 53).

Während der virtuellen Teamarbeit ermöglicht ein regelmäßiges Controlling, Fehlentwicklungen frühzeitig zu erkennen und schnellst möglich gegen zu steuern (Isermann, 2004, S. 53-69).

Zusammenfassend kann man festhalten, dass es nicht die eine 100prozentige Lösung für die Gestaltung, Kommunikation und Zusammenarbeit in internationalen virtuellen Teams gibt. So unterschiedlich die Bedürfnisse der Mitarbeiter in Kommunikation, Mediennutzung und Zusammenarbeit sind, so verschieden sind auch die Gestaltungsmöglichkeiten für eine effiziente, zielgerichtete und vertrauensvolle Zusammenarbeit im Team.

2. Aufgabe B2 - Arbeitskraftunternehmer

2.1. Definition des Begriffs Arbeitskraftunternehmer

Das Modell des Arbeitskraftunternehmers basiert auf der Annahme, dass die heutige Gesellschaft zunehmend entgrenzt wird, was prägnante Veränderungen in der Arbeitswelt nach sich zieht (Pongratz & Voß, 2004, S. 24). Die Entgrenzung der Arbeit kann dabei verschiedene Bereiche betreffen, wie bspw. Zeit und Raum, Arbeitsmittel und Arbeitsinhalt, Sozialorganisation, Qualifikation und Motivation (Breger, 2017, S. 94).

Der Trend weg vom tayloristischen Ansatz - mit seiner Arbeitsteilung und Fremdkontrolle - soll die Kompetenzen und Potentiale des Arbeitnehmers wieder freilegen. Ganzheitliche Arbeitsprozesse sollen dem Arbeitnehmer Spaß und Sinnhaftigkeit bei der Arbeit vermitteln. Es soll der Raum geschaffen werden für Engagement, Improvisation und Kreativität beim Arbeitnehmer (Breger, 2017, S. 94)
Der Arbeitskraftunternehmer ist zudem ein neuer Typus von Arbeitnehmern, der vorwiegend aus kapitalistischen Erwerbsstrukturen hervorgeht. Arbeitskraft wird als Ware angesehen, die vom Arbeitskraftunternehmer entsprechend erhalten, geschult und vermarktet werden muss (Pongratz & Voß, 2004, S. 9-24).

Im Jahr 1986 wurde erstmals die These geäußert, dass Arbeitnehmer zukünftig zunehmend im Sinne eines Unternehmers handeln müssen. Ein unternehmerischer Umgang mit der persönlichen Arbeitsfähigkeit wurde damit vorausgesetzt (Pongratz & Voß, 2004, S. 9-21). Der Arbeitnehmer als Arbeitskraftunternehmer ist also zunehmend gefordert, für seine Fähigkeiten und Leistungen selbst Verwendung im Unternehmen zu finden. Die Ware des Arbeitnehmers - nämlich seine eigene Arbeitskraft - wird nicht mehr vorwiegend als Arbeitsvermögen im Unternehmen verkauft, sondern der Arbeitnehmer wird Auftragnehmer für seine eigene Arbeitsleistung (Breger, 2017, S. 93).

Der Arbeitskraftunternehmer zeichnet sich durch drei Merkmale aus:
- Selbstkontrolle: Der Arbeitnehmer ist selbst verantwortlich für die Planung, Steuerung und Überwachung der eigenen Tätigkeit (Pongratz & Voß, 2004, S. 25).
- Selbst-Ökonomisierung: Der Arbeitnehmer ist gezwungen, für einen zweckgerichtete Arbeitsablauf zu sorgen die eigenen Fähigkeiten und Leistungen innerhalb des Unternehmens oder aber auch auf dem Arbeitsmarkt zu vermarkten (Pongratz & Voß, 2004, S. 25).

- Selbstrationalisierung: Der Arbeitnehmer ist durch den zunehmenden Druck, der aus der Vermarktung der eigenen Arbeitskraft resultiert, genötigt, seinen Alltag und seine Freizeitgestaltung so zu organisieren, dass diese den unternehmerischen Zielen des Arbeitskraftunternehmers nicht im Wege stehen (Pongratz & Voß, 2004, S. 25).

Besonders betroffen von dieser Entgrenzung der Arbeit sind Branchen wie die Medienbranche, die IT-Branche oder Beratungsunternehmen (Breger, 2017, S. 93).

Der Fokus liegt nicht mehr auf dem Beruf bzw. Fähigkeiten und Fertigkeiten, die er ursprünglich erlernt hatte, sondern darauf, welche Leistungen bzw. Arbeitsergebnisse vom Unternehmen gefordert werden (Breger, 2017, S. 93).

Der Arbeitnehmer wird angehalten, seine eigene Arbeitsorganisation im Sinne eines eigenständigen Unternehmers zu gestalten und schnelle und effiziente Arbeitsprozesse zu erarbeiten. Er übernimmt dabei zudem die Rolle des tayloristischen Kontrolleurs für die eigene Arbeitsleistung (Breger, 2017, S. 94). Des Weiteren soll der Arbeitnehmer selbstständig seinen eigenen Qualifikations- und Weiterbildungsbedarf erkennen und sich dementsprechend außerhalb der Arbeit schulen.

Das Modell des Arbeitskraftunternehmers beschreibt demnach die Vereinnahmung des Arbeitnehmers als ganze Person, mit all seinen Interessen, Fähigkeiten, Ideen, Potentialen und Ressourcen. Dabei ist es unerheblich, ob es sich um dienstliche oder außerberufliche Bestrebungen und Kompetenzen handelt. Die Erwartung an den Arbeitskraftunternehmer liegt darin, sich „mit Haut und Haaren" in den Dienst der Arbeit zu stellen (Breger, 2017, S. 94).

2.2. Potentielle Veränderungen vom Selbstverständnis und der Rolle des Arbeitnehmers - dargestellt am Beispiel eines Software-Entwicklers im B2B-Bereich

Ausgehend von dem Beispiel eines Software-Entwicklers im B2B-Bereich als Angestellter eines Unternehmens werden mögliche Veränderungen durch den Wandel zum Arbeitskraftunternehmer dargestellt.

Die Ursprungssituation des angestellten Software-Entwicklers im B2B-Bereich könnte wie folgt aussehen: Im Sinne des Taylorismus erarbeitete der Software-Entwickler in einem Team gemeinsam mit den verschiedenen Mitarbeitern (zuständig für bestimmte Themenschwerpunkte) Software-Lösungen für Business-Kunden. Die Verantwortung für

Aufgabenverteilung, Prozesse, Kontrolle, Steuerung und Führung lag dabei beim Vorgesetzten des Software-Entwicklers. Auch die Kommunikation zum Kunden hin oblag der Führung. Der Vorgesetzte hatte die Aufgabe, Anforderungen des Kunden gemeinsam zu klären und bereits Lösungsmöglichkeiten anzubieten. Der Software-Entwickler hatte als Angestellter eine passive Rolle als ausführende Kraft, die entsprechend seiner Ausbildung und Qualifikationen zugeordnet wurde.

Durch den Wandel hin zum Arbeitskraftunternehmer wird der Software-Entwickler in die Rolle des Unternehmers gedrängt. Es entsteht eine Kunden-Lieferanten-Beziehungen und der Angestellte wird zum Dienstleister seines eigenen Unternehmens. Die marktähnliche Auftragsbeziehung zwischen ihm und seinem Arbeitgeber hat zur Folge, dass der Software-Entwickler sich und seine Arbeit selbst organisieren, gestalten und verantworten muss. Die technische und organisatorische Kontrolle durch die Führung wird auf ein Minimum reduziert und die indirekte Steuerung des Angestellten über Leistungsziele (Erfüllung der Aufgabe, Kosten, Umsatz, Qualität) hergestellt. So erhält der Software-Entwickler mehr Freiheiten zur Gestaltung und Umsetzung seiner Tätigkeit im Rahmen der Unternehmens- bzw. Kundenerfordernisse.

Der angestellte Software-Entwickler muss selbst dafür sorgen, für seine Kunden und seinen Arbeitgeber eine hohe Arbeitsleistung, aktuelles Know-How, Innovation und Kreativität aufrecht zu erhalten, um für den Markt attraktiv zu bleiben. Wenn der Software-Entwickler sich nicht stetig selbst weiterbildet oder sich nicht im dienstlichen wie im privaten Bereich zusätzliche Informationen rund um sein Fachgebiet sowie um seine Kunden besorgt, droht ihm im schlimmsten Fall der Verlust seines Arbeitsplatzes, da die Konkurrenz bessere und zeitgemäßere Lösungen entwickeln kann als er. Er muss sicherstellen, dass seine Fähigkeiten im Unternehmen und bei den Kunden gebraucht werden und diese auch effizient sind. Dazu benötigt er die Fähigkeit zur Selbstdisziplinierung und Selbstintegration in das Unternehmen (Pongratz & Voß, 2004, S. 25-27)

Im Zuge der Flexibilisierung und Entgrenzung der Arbeit entfallen die starren Qualifikationsformen eines einmal erlernten, standardisierten Berufs. Das Modell des Arbeitskraftunternehmers verlangt einen „individuellen Beruf", bei dem persönliche Interessen und Stärken sowie spezifische Kompetenzen und verschiedenste Erfahrungen mit einfließen (Pongratz & Voß, 2004, S. 27). Der Software-Entwickler als Unternehmer im Unternehmen sollte daher im besten Fall in verschiedensten Unternehmen und Branchen tätig gewesen sein und sich dort allgemeines Wissen, aber auch Spezialwissen zur Branche angeeignet haben. Es wird von ihm Allroundwissen in seinem Fachbereich und im Kundensegment erwartet. Um am Markt weiter gefragt zu sein, sollte er, überspitzt dargestellt, die „eierlegende Wollmilchsau" sein, die jung, flexibel und unabhängig ist, mit 30 Jahren Berufserfahrung in jeweils verschiedenen Branchen und dem unbändigen Drang nach Weiterentwicklung und Fortschritt.

2.3. Chancen und Risiken des Arbeitskraftunternehmers – dargestellt am Beispiel eines Software-Entwicklers im B2B-Bereich

Durch den Trend weg vom Taylorismus hin zur Bearbeitung vollständiger Prozesse mit Eigenverantwortung gewinnt die Arbeit des Software-Entwicklers an Vielfalt und Sinnhaftigkeit. Durch die Ganzheitlichkeit der zu erfüllenden Aufgabe hat diese das Potential, dass der Software-Entwickler sich selbst und seine Interessen besser in die Arbeit einbringen kann. Dadurch kann bei ihm intrinische Motivation entstehen und er bei der Arbeit Freude oder gar Glück empfinden. Wenn er aus eigener Motivation heraus an der Entwicklung einer Software-Lösung arbeitet, sind Aspekte wie Überstunden, Wochenendarbeit, Termindruck oder die Entlohnung für ihn eher nebensächlich, da er das was er tut, gern macht.

Auch der stetige Weiterbildungsbedarf des Software-Entwicklers kann seinem persönlichen Wunsch nach Weiterentwicklung, Selbstverwirklichung und Selbstoptimierung entsprechen und seinen Wissensdurst stillen. Der sich aus der Tätigkeit ergebende Qualifikationsbedarf kann ihm außerdem helfen, Potentiale für seine zukünftige Karriere zu schaffen und Aufstiegschancen zu generieren.

Durch die eigenständige Gestaltung und Durchführung von Prozessen kann der Software-Entwickler seine Arbeit für sich optimal und zielgerichtet gestalten. Unnütze Schnittstellen und Hierarchien entfallen und beschleunigen seine Arbeit. Dies trägt wiederum zur Motivation bei.

Aus der Selbstorganisation seiner Arbeit entstehen für ihn die Flexibilisierung seiner Arbeitszeit und auch die Lockerung räumlicher Arbeitsbedingungen. Dies birgt für den Software-Entwickler das Potential für eine Work-Life-Balance: Er kann sich seine Arbeit so eintakten, dass diese im Einklang mit Familie und Freizeit steht.

Die Chancen und Risiken, die sich aus der selbstständigen Arbeitsweise ergeben, stehen in engen Zusammenhang mit den Kompetenzen, der Bildung und den sozialen Beziehungen des Software-Entwicklers. Sind diese Kompetenzen nur unzureichend vorhanden, kann der Software-Entwickler bei der Umsetzung seines Projektes Gefühle wie Leistungsdruck, Vereinsamung/ Isolation/ Allein-gelassen-werden und Überforderung empfinden. Für den Software-Entwickler kann eine Unsicherheit entstehen in Bezug auf das Verhältnis der Verausgabung der eigenen Arbeitsleistung und der Anforderungen an ihn durch das Unternehmen bzw. den Kunden selbst. Dies kann bei ihm Stress hervorrufen und birgt die Gefahr der Selbstausbeutung.

Durch die Anforderung der ständigen Weiterbildung, Qualifikation und Weiterentwicklung wird indirekt ein häufiger Wechsel des Arbeitsplatzes vom Software-Entwickler verlangt. Häufige Arbeitsplatzwechsel schaffen jedoch eine fehlende Stetigkeit in Bezug auf Aufstieg, Einkommen und Arbeitsplatzsicherheit für den Software-Entwickler. Er ist dauerhaft in der Situation sich bewähren und gegen Konkurrenz bestehen zu müssen. Dies ist auch immer mit dem Risiko des Scheiterns und des beruflichen Abstiegs verbunden, was wiederum existenzielle Sorgen und Gefahren mit sich bringt (Pongratz & Voß, 2004, S. 31). Außerbetriebliche Weiterbildungen, die der Software-Entwickler besucht, um für den Markt attraktiv zu bleiben, schaffen Leistungsdruck und ggf. Überforderung sowie Stress durch Zeitnot.

Die zunächst für den Software-Entwickler positiv scheinende Gestaltungsfreiheit seiner Arbeit basiert auf vorher festgelegten Leistungszielen. Dabei ist egal, wie er sein Projekt zum Ziel bringt – allein die Bewältigung der Aufgabe unter gesetzten Qualitätsmaßstaben ist relevant. Bei zu hoch gesetzten Zielen kommt der Software-Entwickler in den Zwiespalt der Unvereinbarkeit von Beruf und Privatleben. Er muss sein Privatleben so „einkürzen", dass er die Arbeitsaufgabe bewältigen und termingerecht liefern kann. Sich spontan verändernde private Aspekte können nicht berücksichtigt werden, da der Software-Entwickler liefern muss, um seine Arbeitskraft auch zukünftig am Markt verkaufen zu können. Dieser Wandel zum Unternehmer im eigenen Unternehmen hat Veränderungen für das komplette Leben des Software-Entwicklers zur Folge: Er muss sein Berufs- und Privatleben so organisieren und managen, dass der Fokus auf die Erwerbstätigkeit fällt und alle anderen Aspekte seines Lebens im Einklang dazu stehen bzw. unterstützend wirken. Die Gefahr des Verlusts der eigenen Authentizität des Software-Entwicklers entsteht durch die Verschmelzung der eigenen Person mit der Arbeitsaufgabe und damit verbunden der Anerkennung der Unternehmensinteressen (Breger, 2017, S. 98).

Zusammenfassend kann man sagen, dass es keine ultimative Entscheidung für oder gegen das Modell des Arbeitskraftunternehmers geben kann. So unterschiedlich wie Arbeitnehmer und ihre Belange sind, so verschieden sind auch die Vor- und Nachteile des Modells. Womöglich möchte nicht jeder Arbeitnehmer im Sinne des Arbeitskraftunternehmer-Modells arbeiten. Mancher bevorzugt auch weiterhin den tayloristischen Ansatz. Demzufolge werden wohl auch in Zukunft weiterhin beide Ansätze in Unternehmen wieder zu finden sein.

3. Aufgabe B3 - fragmentierte Erwerbsbiographien

3.1. Definition des Begriffs fragmentierte Erwerbsbiographie

Unter einer fragmentierten Erwerbsbiografie versteht man einen Lebenslauf oder eine Biografie eines Menschen, die aus mehreren verschiedenen, nicht zusammenhängenden Teilen besteht und mit vielen Veränderungen und Umbrüchen einhergeht (Kühne, 2009, S. 187-188). Arbeit ist ein wichtiger Aspekt zur Strukturierung des Lebenslaufs, da sie für die meisten Menschen Lebensgrundlage und -inhalt darstellt. Diskontinuitäten im Lebenslauf ergeben sich durch Tätigkeitswechsel, Arbeitsplatzwechsel, Arbeitslosigkeit, Elternzeit, Weiterbildung und Umschulungen abweichend zum erlernten Beruf und Rente (Kühne, 2009, S. 187-188). Diskontinuierliche Biografien betrachten dabei die gesamte Biografie eines Menschen. Lebensereignisse wie Umzüge, Wechsel des Lebenspartners, die Geburt der Kinder, aber auch Krankheit und frühzeitiges Ausscheiden aus dem Arbeitsleben finden in diskontinuierlichen Biografien Berücksichtigung (Sackmann, 2007, S. 105).

In der Vergangenheit wirkten Erwerbsverläufe oft wie standardisiert. Schule, Ausbildung und wiederkehrende innerbetriebliche Karrieremuster bildeten den genormten Rahmen für den Lebenslauf eines Menschen. Die Entwicklungswege der Menschen waren sich stets ähnlich und entsprachen typischen Mustern. So blieben z.B. früher männliche Erwerbstätige nach ihrer Ausbildung in der Regel Vollzeit im erlernten Beruf und im ursprünglichen Unternehmen. Sie machten Karriere bis zum Erreichen der Altersrente (Pongratz, 2004, S. 27).

Normalbiografien unterscheiden sich jedoch bei männlichen und weiblichen Erwerbstätigen in ihren Phasen: Bei männlichen Erwerbstätigen beginnt das Berufsleben mit der Berufswahl. Danach folgen der Berufseintritt sowie der Berufsverlauf, der zur Absicherung der Familie dienen soll. Das Berufsleben von weiblichen Erwerbstätigen beginnt ebenfalls mit der Berufsausbildung. Nach einer kurzen Phase der Erwerbstätigkeit, folgt die Familienphase. Die Wiedereinstiegsphase in den Beruf wird weiterhin von den familiären Gegebenheiten determiniert, was bspw. die Notwendigkeit der Teilzeit für die Frau bedingt. Sind die Lebensumstände entsprechend verändert, kann der Berufsverlauf fortgesetzt werden (Vomberg, 2007, S. 105).

Neue Erwerbsbiografien charakterisieren sich dadurch, dass sie durch das individuelle Handeln des Menschen aktiv gelenkt und gestaltet werden. Durch den Anstieg der individuellen Freiheit der Menschen in unserer Gesellschaft sind Biographien heute

vermehrt losgelöst von genormten Lebensläufen. Diese aufgebrochenen Lebensstruktu-
ren können sowohl freiwillig und zielgerichtet gewählt als auch durch die Abhängigkeit von
Arbeitsmarkt und Konkurrenz vorgegeben sein (Pongratz, 2004, S. 27).

Die Zahl der Menschen steigt, die mehrere Berufe in ihrem Leben ausüben, sodass Arbeit
und Beruf kein fixes Konstrukt mehr sind, welches ein Leben lang gilt. Sie sind vielmehr
dynamische Modelle, so individuell wie die Menschen selbst.

3.2. Faktoren von Diskontinuität

Globalisierung, demografischer Wandel, technologischer Fortschritt und institutionelle
Veränderungen verursachen in der Arbeitswelt einen ständigen Wandel. In Bezug auf die
Entwicklung von Wirtschaftszweigen, Berufen, Erwerbsformen und Arbeitskulturen in
Unternehmen verändert sich auch stetig die Struktur der Erwerbstätigkeit. Der Anteil an
Erwerbstätigen in flexiblen oder atypischen Arbeitsformen nimmt zu, was den Anstieg
diskontinuierlicher Erwerbsbiografien zur Folge hat. Der Anspruch des Arbeitsmarktes
nach hoher Flexibilität verursacht demzufolge geradezu das Entstehen fragmentierter
Erwerbsbiographien (Rosken 2020, S. 152).
Durch den Gewinn an Freiheiten und Gestaltungsmöglichkeiten in einer offenen und
globalisierten Welt bedarf es andererseits der Notwendigkeit, bewusste Entscheidungen
über den eigenen Lebensweg zu treffen. Der Strukturwandel erzeugt demnach auch
wachsende Anforderungen an den Arbeitnehmer hinsichtlich Selbststeuerung,
Selbstentwicklung und dem Umgang mit Unsicherheit. Denn die zunehmende Flexibilisierung des Arbeitsmarktes kann beim Arbeitnehmer auch Unsicherheiten hervorrufen und
ihn sogar in prekäre Beschäftigungsverhältnisse führen (Rosken 2020, S. 152).

Durch die Entgrenzung und Flexibilisierung des Arbeitsmarktes gewinnt dieser an
Dynamik und Geschwindigkeit. Der einst erlernte, grundsolide Beruf reicht heute nicht
mehr aus, um den Anforderungen der Unternehmen gerecht zu werden. Der Beruf als
standardisierte Qualifikation für ein ganzes Arbeitsleben verliert an Gewicht. Im Gegenzug
gewinnt lebenslanges Lernen und Flexibilität im Berufsleben an Bedeutung (Wörwag,
2018, S. 24).

Auch Faktoren wie das soziale Umfeld, Veränderungen im privaten Bereich und der
Wunsch nach beruflicher und privater Selbstverwirklichung können Variablen in Bezug auf
den eigenen Lebenslauf darstellen. Sie beeinflussen zunehmend Entscheidungen für das
Erwerbsleben der Menschen (Wörwag, 2018, S. 24).

3.3. Beispiel eines "Bunten Lebenslaufs"

Im Folgenden wird ein fiktiver Lebenslauf als Beispiel eines „Bunten Lebenslauf"
auszughaft dargestellt:

Persönliche Daten

Name	Marie Müller	
Geburtsdatum	01.11.1979	
Familienstand	ledig, 1 Kind	

Schule

1986 bis 1990	Grundschule	
1990 bis 1996	Oberschule - Mittlere Reife	Schulische
1996 bis 1998	BSZ für Wirtschaft und Technik - Fachabitur	Ausbildung

Ausbildung

08/1998-07/2001	Ausbildung zur Kinderkrankenschwester	Berufswahl
04/2003-09/2003	Studium Architektur - abgebrochen	Wechsel Berufswahl
10/2003-09/2007	Studium Mediengestaltung – B.A.	Wechsel Berufswahl
10/2009-06/2012	Digital Media Business – M.A.	Weiterbildung

Beruf

08/2001-07/2002	work & travel Auslandsjahr in Australien	Tätigkeitswechsel
08/2002-10/2002	Pflegekraft im Altenheim	erste Erwerbstätigkeit
11/2002-03/2003	Aushilfsjob im Einzelhandel	Tätigkeitswechsel
10/2007-09/2009	Angestellte im Bereich Marketing eines mittelständischen Unternehmens	Tätigkeitswechsel
07/2012-06/2013	Angestellte im Bereich Marketing in einem Start-Up	Arbeitsplatzwechsel
07/2013-06/2016	Projekt-Mitarbeiter Digital Marketing in Finnland	Tätigkeitswechsel + Umzug
07/2016-12/2016	Angestellte in einer Unternehmensberatung	Tätigkeitswechsel + Umzug
01/2017-03/2017	arbeitslos	Erwerbslosigkeit
04/2017-10/2018	Vertriebsmitarbeiterin Pharmazie	Tätigkeitswechsel
11/2018-10/2019	Elternzeit	Familienphase, Geburt 1. Kind
seit 11/2019	Social-Media-Managerin in einem mittelständischen Unternehmen (in Teilzeit)	Wiedereinstieg, Tätigkeitswechsel

Dieser exemplarische Lebenslauf beinhaltet verschiedene Phasen des Erwerbslebens, beginnend mit der Berufswahl, über die erste Erwerbstätigkeit (Beginn der Aktivphase), über die Familienphase bis hin zum Wiedereinstieg.

Der fragmentierten Erwerbsbiografie entsprechend weißt dieser Lebenslauf bereits zu Beginn Wechsel in der Berufswahl auf, die sich in vielen Tätigkeitswechseln fortsetzen. Aufbauend auf dem Berufswahl-Studium erfolgte auch eine Weiterbildung zum Master of Arts. Ebenfalls wurde ein Arbeitsplatzwechsel beispielhaft aufgeführt. Auch arbeitsfreie Phasen sollen hier durch work and travel, Erwerbslosigkeit und Elternzeit abgebildet werden.

Der Lebenslauf soll auch Veränderungen im sozialen Umfeld abbilden wie bspw. den Umzug nach Finnland und zurück sowie die Geburt des ersten Kindes.

3.4. Chancen und Risiken eines "Bunten Lebenslaufs"

Entgegen dem Trend zur Flexibilisierung, Individualisierung und Digitalisierung des Arbeitsmarktes halten viele Unternehmen bei Personaleinstellung und -beurteilung an alten Beurteilungsmustern – der Normalbiografie – fest. Solche Erwartungen an genormte und referenzierte Biographien scheinen aber schon heute nicht mehr zeitgemäß zu sein (Rosken 2020, S. 409). Trotzdem stellt es Besitzer solcher fragmentierten Biografien aktuell vor die Herausforderung, in eher konservativen Unternehmen Fuß fassen zu können.

Die wachsende Flexibilität des Arbeitsmarktes bietet zum einen Zugewinn an Freiheit und Gestaltungsmöglichkeiten. Andererseits führt sie zu einer geringeren Planungssicherheit bei Betroffenen (Rosken 2020, S. 419).

Die eigene Karriere wird zu einem sehr ich-bezogenen Teil der Lebensplanung. Durch ständig wechselnde Tätigkeiten und Arbeitsplätze geht der stabile soziale Kontakt zu anderen Kollegen verloren. Es kann das Gefühl der Vereinzelung entstehen. Auch Leistungsdruck durch den ständigen Wechsel der Arbeitsstelle kann zu Stress und Rastlosigkeit führen. Der Mitarbeiter kann den Eindruck bekommen „Einzelkämpfer" in seiner Position zu sein und in einem immer wieder kehrenden Prozess des Einarbeitens und Sich-Beweisens gefangen zu sein.

Die selbstständige Qualifikation und Weiterbildung steht mittlerweile in der Eigenverantwortung des einzelnen Mitarbeiters. Um dem flexiblen Arbeitsmarkt gerecht zu werden, braucht es ein gutes Management von Arbeit und Privatleben. Die steigende Freiheit und Entgrenzung der Arbeit verlangt Selbstdisziplin und -organisation (Wörwag, 2018, S. 24).

Auch diese neuen Anforderungen, die sich aus fragmentierter Erwerbstätigkeit ergeben, können beim Mitarbeiter zu Belastungen und Leistungsdruck führen.

Höchst wahrscheinlich werden aufgrund der Flexibilisierung in Zukunft immer mehr Menschen ihr Berufsleben in einem anderen Beruf, in einer anderen Tätigkeit und mit komplett anderen Anforderungen beenden, als sie es begonnen haben. Dies hat jedoch Auswirkungen auf die berufliche Sozialisation und die berufliche Identität.

Der Mitarbeiter identifiziert sich zukünftig nicht mehr über seinen Beruf, sondern er muss versuchen, sich über laufend neue Qualifikationen und berufliche Herausforderungen zu profilieren. Durch diesen Wandel können jedoch die berufliche Identität und der Berufsstolz der jeweiligen Berufsgruppe verloren gehen (Wörwag, 2018, S. 24).

Weiterhin besteht die Gefahr, dass durch den stetigen Wechsel von Beruf und Tätigkeit Expertenwissen und Handwerkskunst, welche auf jahrzehntelangen Erfahrungen und Kompetenzen beruhen, verloren gehen. Andererseits kann sich der Mitarbeiter durch die vielfältigen Tätigkeiten ein breites Wissensspektrum aufbauen. Zudem besteht das Potential, dass sich der Mitarbeiter verschiedenste Kompetenzen aneignen kann. Durch vielseitige und abwechslungsreiche Erwerbstätigkeit wirkt man Monotonie entgegen und kann beim Mitarbeiter Freude und Neugier bei der Arbeit bewirken.

Literaturverzeichnis

Breger, W. (2017). *Studienbrief der SRH Fernhochschule. Arbeitswelten und Organisation im Wandel. Titel Nr. 0588-04.* Riedlingen: SRH Fernhochschule – The Mobile University

Gerdenitsch, C. & Korunka, C. (2019). *Digitale Transformation der Arbeitswelt. Psychologische Erkenntnisse zur Gestaltung von aktuellen und zukünftigen Arbeitswelten.* Berlin: Springer-Verlag GmbH Deutschland

Herrmann, D., Hüneke, K. & Rohrberg, A. (2006). *Führung auf Distanz. Mit virtuellen Teams zum Erfolg.* Wiesbaden: Betriebswirtschaftlicher Verlag Dr. Th. Gabler / GWV Fachverlage GmbH

Isermann, O. (2004). *Traditionelle und virtuelle Teams. Theoretischer Vergleich und empirische Analyse traditioneller und virtueller Kooperationsformen.* Hamburg: Verlag Dr. Kovac

Kauffeld, S. (2019). *Arbeits-, Organisations- und Personalpsychologie für Bachelor, 3. Auflage.* Berlin: Springer-Verlag GmbH Deutschland

Krystek, U., Redel, W. & Reppegather, S. (1997). *Grundzüge virtueller Organisation. Elemente und Erfolgsfaktoren, Chancen und Risiken.* Wiesbaden: Betriebswirtschaftlicher Verlag Dr. Th. Gabler / GWV Fachverlage GmbH

Kühne M. (2009). *Kontinuität und Diskontinuität im Berufsverlauf. Berufserfolg von Akademikerinnen und Akademikern. Theoretische Grundlagen und empirische Analysen.* Wiesbaden: VS Verlag für Sozialwissenschaften

Negri, C. (2019). *Führen in der Arbeitswelt 4.0.* Berlin: Springer-Verlag GmbH Deutschland

Pongratz, H., Voß, G. (2004). *Arbeitskraftunternehmer. Erwerbsorientierung in entgrenzten Arbeitsformen. 2., unveränderte Auflage.* Berlin: edition sigma

Rosken, A. (2020). *Stärken- und lebensphasenorientiertes Personalmanagement. Multiperspektivische Entwicklung eines Optimierungsmodells für die Praxis.* Wiesbaden: Springer Fachmedien Wiesbaden GmbH

Sackmann, R. (2013). *Lebenslaufanalyse und Biografieforschung. Eine Einführung. 2. Auflage.* Wiesbaden: Springer VS

Vomberg, E. (2007). *Chancen "bunter Lebensläufe" für KMU und soziale Einrichtungen. Diskontinuität als Potenzial erkennen, nutzen, fördern.* Bielefeld: Bertelsmann

Wörwag, S. & Cloots, A. (2018). *Flexible Arbeitsmodelle für die Generation 50+. Wirkungsvolle Maßnahmen gegen den vorzeitigen Austritt aus der späten Erwerbsphase.* Wiesbaden: Springer Fachmedien Wiesbaden GmbH